AF296077

RÉFORME
FINANCIÈRE.

PLUS D'IMPOTS NI DE PATENTES.

ORGANISATION DU CRÉDIT NATIONAL.

EXTINCTION DU PAUPÉRISME.

PEUPLE, vos pères gémissaient sous le joug de la féodalité, ils l'ont brisé. — Vous êtes esclaves de l'argent et du monopole, affranchissez-vous !

L'impôt est un reste de la féodalité, c'est une espèce de dîme, un droit de suzeraineté qui implique contradiction avec la souveraineté nationale.

L'impôt étant une taxe forcée, obligatoire, violente, vexatoire, établie sur les individus, sur leurs biens, sur leur travail, sur l'air qu'ils respirent, sur les vêtements qui les couvrent, sur les aliments qui les nourrissent, malgré et contre le plus grand nombre, il est évident que le plus grand nombre, suffisamment éclairé, indépendant et libre, doit le faire cesser.

Prix : 30 centimes.

PARIS,

AU BUREAU DE PUBLICATION DES BROCHURES,
5, PLACE DE LA BOURSE;
ET CHEZ L'AUTEUR, RUE D'ANTIN, 16.

1850

OUVRAGES DU MÊME AUTEUR.

Examen critique du siècle et plan d'améliorations sociales. Février 1839.

De l'organisation du Crédit foncier. Mai 1839.

Plan d'éducation populaire. Juillet 1839.

De la création et de la transmission des offices. Septembre 1839.

De l'association et des sociétés par actions et autres. Juillet 1840.

Un Mot, à propos de la question d'Orient, sur le devoir de la France et l'avenir de l'Europe, et lettre au roi. Août 1840.

De la liberté professionnelle et de l'abolition de la vénalité des offices et des privilèges. 1841.

Protestation contre une décision du Ministre de l'Instruction publique, prise en conseil royal, au sujet d'une demande tendant à ouvrir un Cours public et gratuit d'économie politique et industrielle pratique, et appel de cette décision du ministre et du conseil royal, dans l'erreur, au ministre et au conseil royal mieux informés. 1842.

De l'alignement des rues. 1844.

Observations sur le régime cellulaire. 1846.

De l'Organisation du travail. 1848.

Le Pouvoir et l'Assemblée nationale jugés par leurs actes. 1848.

Plus d'impôts, ou nouveau système financier, ayant notamment pour résultat de supprimer les impôts, de relever immédiatement l'agriculture, l'industrie et le commerce, et de procurer à tous la vie à bon marché. 1848-1849.

Imprimerie Guiraudet et Jouaust, rue Saint-Honoré, 315.

RÉFORME FINANCIÈRE[1].

TEXTE.

CHAPITRE III.

FINANCES.

Art. 15. la dette publique est consolidée. La rente est déclarée franche de tout impôt ou retenue quelconque, mais réduite d'un cinquième à partir du prochain semestre.

Art. 16. La rente actuelle 5 p. 100, qui devient 4 p. 100, est seule conservée. Toutes les autres (4 1|2, 4, 3 p. 100), ainsi que la dette flottante, sont supprimées et converties en rentes consolidées 4 p. 100.

Art. 17. La rente sera désormais payée par trimestres.

Art. 18. La dette publique sera remboursée au pair, d'après le taux réduit de 4 p. 100, au fur et à mesure des ressources disponibles du Trésor et par voie de tirage au sort.

Art. 19. A partir du 1er janvier, 1850, tous jeux de Bourse généralement quelconques (déjà contraires à la loi) sont, de nouveau, formellement interdits, et seront rigoureusement punis selon les lois. Tout agent de change ou courtier convaincu de s'y être prêté sera, de plein droit, destitué. Il ne doit et ne pourra être fait que des ventes et achats de rentes, valeurs ou marchandises, sérieux et effectifs.

Art. 20. Les caisses d'épargnes sont supprimées et les dépôts seront immédiatement remis aux déposants, en rentes sur l'État, au pair, sur le pied de 4 p. 100.

Art. 21. A partir du 1er janvier 1850, sont supprimés en totalité : — L'impôt des patentes, — et les impôts et droits quelconques du Trésor sur toutes les substances et objets alimentaires et de première nécessité : grains, farines, boissons, bestiaux, sel, bois, charbon, etc.

Il sera pourvu ultérieurement et successivement à la réduction graduelle, puis à la suppression complète de tous autres impôts indirects et directs.

L'impôt personnel, remanié, sera seul maintenu, s'il y a lieu, sous le titre de : *Droit de sûreté publique.*

Art. 22. Le monopole des tabacs est aboli.

Art. 23. Les employés de tous genres et de tous grades dont les emplois se trouveront supprimés seront placés dans les nouveaux services, ou, à défaut, indemnisés.

(1) Extrait de l'ouvrage intitulé : *Situation. Reconstitution de l'Europe, et Nouvelle organisation sociale et politique, ou Nouveau système gouvernemental financier, administratif et judiciaire,* par DUMONT DE LA FONTAINE. — Au Bureau de publication des Brochures, place de la Bourse, 8, et chez les Libraires et Marchands de journaux. — Prix : 60 cent., par la poste, 1 fr.

Art. 24. Il est créé, et il sera immédiatement organisé :

1° Une *Caisse générale de la propriété foncière*, pour fournir des capitaux à la propriété immobilière, à des conditions appropriées à sa nature, à ses besoins et à ses ressources, et sans frais d'emprunt ni de libération (1).

2° Une *Caisse générale de l'agriculture, de l'industrie et du commerce*, destinée à aider ces trois branches de la richesse nationale mobilière par la commandite, l'escompte, etc.

3° Une *Assurance générale terrestre*, ayant pour objet et pour but d'assurer tous les biens, mobiliers et immobiliers, notamment les récoltes de toutes sortes, contre tous les cas fortuits, et de rendre ainsi les revenus fonciers à peu près fixes et certains. — Plus, une *Assurance générale sur la vie*.

4° Une *Caisse générale d'assistance publique*, destinée à faire des avances aux particuliers, notamment aux personnes momentanément sans emploi.

5° Des *Etablissements d'asile* pour les invalides et les vieillards.

Art. 25. La mendicité est formellement interdite.

Art. 26. A partir du 1er janvier 1850 :

1° Tous les grands services publics : postes, chemins de fer, canaux et autres voies de communication et de transport, etc., ainsi que les assurances de toutes sortes, sont exclusivement réservés à l'Etat.

2° L'Etat se charge des recouvrements de fonds à domicile dans toute l'étendue de la France.

Art. 27. Il est créé une caisse, dite *Caisse nationale patriotique*, pour recevoir les dons et offrandes, libres et volontaires, que les citoyens voudraient faire à la Nation.

Art. 28. Il est créé des *bons nationaux* de 5, 10, 25, 50, 100, 200, 500, 1,000, 5,000 et 10,000 fr., ayant cours forcé dans toute l'étendue de la France, nonobstant toutes conventions particulières contraires.

Tous billets de banque au porteur sont supprimés.

Art. 29. Les pièces d'or et d'argent et toutes autres espèces monnayées actuelles cesseront d'avoir cours en France à partir du 1er juillet 1850, et seront rendues à l'industrie.

Il sera frappé une nouvelle monnaie de 1, 5, 25, 50 centimes et 1 franc, qui portera simplement, en relief, sur une face le mot : *France*, et sur l'autre l'indication de sa valeur et le millésime.

Les pièces d'or et d'argent et autres espèces monnayées pourront être échangées dans toutes les caisses du Trésor, au pair, jusqu'au 1er juillet 1850 pour tout délai.

Art. 30. Tous les biens nationaux, mobiliers et immobiliers, dont la possession par l'Etat sera reconnue inutile et,

---

(1) Tous les systèmes de crédit foncier proposés jusqu'à ce jour, notamment le système *Wolowski*, emprunté aux états du nord, sont mauvais, funestes aux propriétaires emprunteurs, et condamnés par l'expérience des faits acquis.

par conséquent, onéreuse, seront vendus aux enchères publiques ou par toute autre voie plus avantageuse.

Art. 31. Toutes les recettes et dépenses de l'Etat, sans exception, seront inscrites, par ordre de numéros et de dates, avec indication des personnes et des causes, sur deux registres : le *Livre des recettes* et le *Livre des dépenses.*

Toutes les recettes et dépenses s'effectueront au ministère des finances : les autres ministres ne feront qu'ordonnancer les recettes et dépenses de leurs départements respectifs.

Art. 32. Les traitements des membres du gouvernement sont -xés comme suit :

Pour le Chef du gouvernement, 6 millions par an.

Pour le premier Ministre, 150,000 fr., et pour chacun des autres 100,000 fr.

Pour les membres du Conseil national, 50,000 fr. chacun.

Art. 33. A partir du 1er janvier 1850, sont augmentés :

1° La solde des armées de terre et de mer ; savoir :

D'un cinquième jusqu'au grade de sous-officier, inclusivement;

D'un huitième du grade de sous-officier à celui de lieutenant-colonel, ou équivalent, exclusivement ;

Et d'un dixième pour les grades de lieutenant-colonel et au dessus.

2° Les traitements et appointements des magistrats, fonctionnaires et employés du gouvernement, savoir :

D'un cinquième pour les traitements de 1,000 à 2,000 fr. ;

D'un huitième pour ceux de 2 à 5,000 fr.;

D'un dixième pour ceux au dessus de 5,000 fr.

Les traitements au dessous de 1,000 fr. sont élevés à ce taux.

Art. 34. En outre des soldes, traitements et appointements, les titulaires ou leurs veuves et enfants ont droit à des pensions selon la durée des services.

Art. 35. Les soldes, traitements et appointements subiront une retenue d'un vingtième, qui sera employée en assurances sur la vie au profit du titulaire ou de sa veuve et de ses descendants.

EXPOSÉ DES MOTIFS.

CHAPITRE III.

FINANCES.

Dette publique. — Jeux de Bourse. — Caisses d'épargnes.

Nous avons si peu de goût pour les détails inutiles, que nous éprouvons quelque regret à allonger notre travail en donnant, sur les dispositions de notre projet relatives à la dette publique, des explications qui nous semblent superflues, tant ces dispositions sont facilement intelligibles pour tout le monde, si familier qu'on soit avec ce sujet.

— La dette publique existe. Un gouvernement qui représente, — bien ou mal, peu importe, — un Peuple honnête et probe, ne peut se dispenser d'être lui-même probe et honnête. Le Peuple est, effectivement, un être collectif qui est obligé de faire honneur à ses engagements, c'est-à-dire aux obligations de tous, comme chacun des êtres individuels, c'est-à-dire des citoyens qui le composent, est tenu, sur l'honneur, de payer ce qu'il doit.

En consolidant la dette publique, nous ne faisons donc que consacrer les intentions du Peuple loyal de France, et le seul mérite qu'on pourrait accorder à cette disposition de notre projet, ce serait uniquement de répondre ainsi aux calomnies de ces ennemis systématiques et intéressés du Peuple qui parlent, à tout propos, de la banqueroute du Trésor comme étant une nécessité et presque une justice.

— Le taux normal de l'intérêt a diminué et tend à diminuer encore, à mesure que le crédit, la richesse publique, la prospérité et le bien-être général se développent : il est donc évidemment juste et raisonnable de réduire le taux de la rente de 5 à 4 p. 100.

Et cela nous semble d'autant plus convenable, qu'il était question d'imposer la rente de 4 p. 100 ; que cette mesure serait équitable et conforme, d'ailleurs, à la Constitution de 1848, comme à celle de 1830 et à la Charte de 1814, toutes trois violées à ce sujet, — lesquelles disposent, effectivement, que tous les citoyens doivent contribuer aux charges de l'Etat, dans la proportion de leur fortune, et que les rentes sur l'Etat, indépendamment d'autres avantages, inhérents à cette espèce de valeur, échappent à cette règle et à ce devoir communs ; — et qu'en maintenant l'affranchissement de la rente de tout impôt, c'est établir une compensation satisfaisante pour tout le monde, en même temps qu'elle est plus en harmonie avec notre système financier, d'après lequel tous les impôts doivent disparaître.

... La conversion des rentes 4 1/2 p. 100, 4 et 3 p. 100, ainsi que de la dette flottante en rente 4 p. 100, est une mesure qui n'a d'autre mérite que celui de simplifier les choses et de les ramener à la vérité, de diminuer le travail et de fermer la porte à des abus dont les contribuables sont toujours victimes.

Cela aurait aussi l'avantage de faire voir au Peuple qu'il ne doit pas avoir une confiance aveugle dans ces génies financiers qui dédaignent les choses simples, à la portée de tout le monde et faciles à vérifier.

Et, en effet, pourquoi quatre sortes de rentes? pourquoi une dette flottante? L'Etat doit tant, il en paie l'intérêt et rembourse le capital quand il a des économies disponibles, et tout est dit. C'est simple comme bonjour. Les grands moyens financiers et extraordinaires, comme la dette flottante et autres, ne sont nécessaires qu'avec une administration financière qui ne sait jamais où elle en est, qui use avec complaisance des dépenses secrètes, extraordinaires, etc., et qui a besoin de déguiser sa conduite et de cacher son déficit, comme un débiteur embarrassé qui veut maintenir son crédit. Tout cela devient complétement inutile avec notre système simple, droit et honnête, où l'Etat doit et peut jouer carte sur table et ne tromper personne.

Le paiement des rentes par trimestres, au lieu de n'avoir lieu que tous les six mois, se justifie de lui-même : il est plus commode et plus avantageux pour les rentiers, ainsi que pour l'Etat lui-même, dont les ressources sont journalières et ne se réalisent pas seulement par semestre. Pour les rentiers, l'a-vantage saute aux yeux.

Quand l'Etat est en mesure de se libérer, il doit subir la loi commune et honnête, c'est-à-dire payer ce qu'il doit. Il doit 100 fr. à celui qui aura 4 fr. de rente : il lui paiera 100 fr., ni plus ni moins, comme un débiteur ordinaire et loyal. Seulement, comme il ne peut pas tout rembourser le même jour et qu'il doit traiter tous ses créanciers également, le sort décidera quels sont ceux qui seront remboursés, sauf à eux à racheter des rentes si cela leur convient.

A l'égard des jeux de bourse, — spéculations odieuses que la morale réprouve, que la raison condamne, que la loi défend, mais que le gouvernement encourage et que la justice tolère, au mépris de la conscience publique et des lois écrites, — il suffirait de rappeler les scandales de 1840 (M. Thiers étant ministre des affaires étrangères), dont le souvenir soulève de dégoût et d'horreur tout cœur tant soit peu honnête, et qui souillent l'histoire de France, pour justifier la disposition de l'article 19 de notre projet, inutile en droit, mais que l'immo-ralité gouvernementale et judiciaire de l'époque a rendu né-cessaire.

Pour les Caisses d'épargnes, on sait quels ont été l'esprit et le but principaux de leur création, bons en apparence, mais détestables en réalité, comme tout ce qui émane du jésuitisme financier que la République de février a trouvé établi et dont elle s'accommode admirablement bien. Absorber, moyennant un intérêt alors minime, les économies du Peuple, au préjudice de l'agriculture, de l'industrie et du commerce, pour procurer indirectement des ressources au Trésor, et surtout favoriser l'agiotage sur les rentes et faciliter à une certaine classe le monopole des affaires : telle est l'histoire abrégée et malheu-reusement vraie des motifs qui ont présidé à l'institution et à la propagation des Caisses d'épargnes.

Il est évident, en effet, que, si les cinq à six cents millions (peut-être plus) que les déposants possédaient dans les Caisses d'épargnes au moment de la révolution de février, avaient été utilisés dans l'industrie et le commerce, ils auraient produit, soit à l'industrie et au commerce, soit aux déposants, un avantage supérieur à celui que ce capital obtenait de son placement au Trésor, par les Caisses d'épargnes ; et que, d'un autre côté, l'industrie et le commerce auraient trouvé dans ce même capital, à un taux raisonnable, des ressources qu'ils étaient forcés de demander, à des conditions souvent ruineuses, aux forbans industriels organisés en véritable monopole.

Impôts. — Revenus.

> « Les classes inférieures ne jugent un gouvernement que par la quotité de l'impôt. » (*La Réforme.*)
>
> « Ce qui agit sur le paysan, ce n'est pas le journal qu'il lit, c'est l'impôt qu'il paie. Il y a dans les campagnes un propagateur des idées socialistes plus redoutable que M. Proudhon, c'est le percepteur. Chaque fois qu'un garnisaire entre dans une hutte de paysan, il recrute pour le socialisme. » (*Paulin Limayrac.*)

Si un Gouvernement est apprécié en raison directe de la quotité des impôts qu'il exige, le meilleur de tous les Gouvernements sera donc évidemment celui qui en affranchira entièrement la population (1).

Or, supprimer les impôts n'est pas seulement chose possible et logique, c'est encore nécessaire et facile ; et si, dans notre projet, nous ne proposons la suppression *immédiate* que de l'impôt des patentes et des impôts et droits quelconques du Trésor sur les substances alimentaires et objets de première nécessité, c'est d'abord par une prudence que certains pourront trouver exagérée, mais que personne ne saurait raisonnablement blâmer ; c'est ensuite parce que ces impôts sont les plus odieux, puisque l'impôt des patentes est un obstacle au droit et à la liberté de travailler, et que l'impôt sur les substances alimentaires et objets de première nécessité, qui atteint surtout le Peuple, est un obstacle au droit de vivre.

L'impôt se comprend sous une monarchie ou tout autre Gouvernement établi sur les bases fausses que nous avons précédemment signalées ; car alors l'état de rivalité qui existe entre la Nation et le Pouvoir obligent celui-ci, soit à se créer un entourage et des amis, et, pour cela, à favoriser et corrompre une partie de la population au préjudice de l'autre partie, — soit à affaiblir, et, pour affaiblir, à appauvrir la masse des citoyens ; et nul moyen, conjointement avec l'usure et la privation des instruments de travail, c'est-à-dire du crédit, n'est effectivement plus propre à maintenir les masses dans un état continu de pauvreté et d'impuissance, de soumission et d'o-

----

(1) On n'a pas toujours payé des impôts. Les premiers subsides exigés du peuple ont été établis en 1302, sous Philippe-le-Bel, à l'occasion de la guerre de Flandre. Les monarques et les gouvernements ont trouvé l'invention bonne : ils l'ont maintenue, amplifiée et perfectionnée jusqu'à ce point que M. Passy, ex-ministre des finances, dans l'exposé des motifs de son projet de loi d'impôt sur le revenu, constatait que l'impôt avait atteint ses limites extrêmes, et qu'il était impossible de lui demander rien de plus, bien que le déficit du Trésor, s'élevant déjà à près d'un milliard, devait nécessairement s'accroître encore chaque année, par suite de l'excédant des dépenses sur les recettes, et finir par l'accabler.

béissance forcées, que l'impôt qui les entoure, les pressure,
et leur arrache souvent jusqu'à une partie des aliments indis-
pensables à leur existence physique. — La pauvreté exclut
l'instruction, l'ignorance et la pauvreté excluent l'indépendance, l'indépendance matérielle et morale exclut la liberté
et les lumières, l'indépendance et la liberté blessent et effraient
les pouvoirs qui reposent sur le mensonge et l'usurpation des
droits du Peuple.

Mais il n'en est pas de même sous un Gouvernement vrai et
franchement national, tel que nous le proposons. Là, en effet,
le Pouvoir n'étant que le représentant du Peuple et agissant
au nom et dans l'intérêt de tous les citoyens, sans exception et
sans distinction, les motifs de division, de corruption et d'affai-
blissement n'existent pas, et rien ne s'oppose, dès lors, à ce que
la prospérité du pays soit développée d'une manière assez lar-
ge pour que tout le monde ait suffisamment de bien-être, et à
ce que chaque citoyen soit éclairé, indépendant et libre.

Or, l'impôt étant une taxe forcée, obligatoire, violente,
vexatoire, établie sur les individus, sur leurs biens, sur leur
travail, sur l'air qu'ils respirent, sur les vêtements qui les couvrent, sur les aliments qui les nourrissent, malgré et contre le
plus grand nombre, il est évident que le plus grand nombre,
une fois devenu suffisamment éclairé, indépendant et libre,
doit le faire cesser. — L'abolition de l'impôt est donc la première tâche et ce sera la gloire d'un Gouvernement vraiment
national et réparateur.

Mais comment remplacer l'impôt pour faire face aux dépenses ?

En 1791, le système actuel fut substitué à celui de la féodalité, qui avait fait son temps et ne convenait plus aux idées
nouvelles d'alors.

Il faut aujourd'hui remplacer le régime des taxes forcées,
que la raison repousse et que le progrès condamne, par le régime, équitable et plus rationnel, des revenus au moyen de
services rendus.

Le premier blesse les masses, parce qu'il les atteint dans leur
bien-être, dans leur indépendance et dans leur liberté.

Le second ne contrarie personne, parce que celui qui paie
reçoit l'équivalent de ce qu'il donne.

On repousse avec mépris l'agent des contributions, et on
paie l'impôt avec regret. — On accueille bien le facteur qui ap-
porte une lettre, dont on paie le port sans répugnance.

C'est sur ce principe d'obtenir des revenus au moyen de services rendus aux citoyens qu'est basé le système que nous allons
développer.

Et comme ce système est avantageux au Peuple, puisque
non seulement il le délivre de tout impôt, mais qu'il lui pro-
cure encore d'autres avantages non moins grands, et qu'en
définitive le Peuple est souverainement maître, et que le Gouvernement, quel qu'il soit, n'est en réalité, quoi qu'on dise et
quoi qu'on fasse, que le délégué, le représentant, le commis

et humilité, devant la loi de 1807, en attendant qu'elle soit logiquement complétée par une autre loi qui fixera le taux uniforme des salaires, et déclarera que tous les hommes, capables ou ineptes, actifs ou paresseux, auront un prix égal pour des services différents.

Sans doute, il est des professions, et surtout des institutions, comme les banques publiques, par exemple, qui se lient tellement à l'intérêt public, parce que les intérêts d'un grand nombre d'individus viennent y aboutir, que cette considération sociale leur impose certains devoirs dont la plupart des autres professions se trouvent affranchies; et cela avec d'autant plus de raison, quant aux banques, qu'elles obtiennent de la société, par le Pouvoir, des avantages particuliers exceptionnels. Mais il faut être assez juste pour reconnaître que ces considérations, si majeures, si impérieuses et si étendues qu'on les suppose, ne sauraient raisonnablement aller jusqu'à imposer aux banquiers l'abnégation complète de leurs intérêts, le sacrifice de leur fortune. En ouvrant des comptoirs particuliers ou en établissant des banques, les banquiers ont eu principalement en vue de bien placer leurs fonds, de se créer un état, de faire, en un mot, une affaire industrielle, et de prendre leur place au soleil, comme tout le monde, — et personne ne saurait les en blâmer. Les banquiers ne sont pas des fonctionnaires de la Nation : ce sont des industriels.

Ne demandez pas aux banquiers d'agir autrement que chacun de nous le fait; n'exigez pas d'eux une conduite qui n'appartient qu'à ceux à qui vous avez délégué le gouvernement et l'administration de nos intérêts généraux, de notre domaine public, de notre société.

Le crédit ne doit donc pas être abandonné à l'industrie privée, à la spéculation particulière : il doit être concentré au profit de tous dans les mains du gouvernement de tous, parce qu'alors l'antagonisme qui existe naturellement entre les banquiers et le public disparaît; que le gouvernement, possédant tous les éléments de lumière, de puissance et d'action nécessaires, peut toujours agir, selon les circonstances, d'une manière conforme aux intérêts de tous les citoyens, et qu'on ne voit plus, dès lors, se produire ces fluctuations et ces crises financières qui paralysent les affaires, attaquent le bien-être des citoyens, inquiètent leur esprit, compromettent la sécurité publique et jusqu'à l'existence de la société.

Il en est de même des grands services publics, tels que : postes, chemins de fer, canaux, assurances, etc.

N'est-il pas étrange que les chemins de fer, par exemple, cet élément si puissant de l'activité humaine et de la civilisation, se trouvent dans le domaine de l'intérêt privé et de la spéculation ?

D'abord, en envisageant les grandes voies de communication comme des moyens féconds de faciliter les rapports, soit des populations de toutes les parties de la France entre elles et avec la Capitale, soit de la France avec les autres Nations, n'est-il

pas douloureux à songer que ces moyens peuvent être neutra-
lisés ou amoindris, le progrès et la civilisation enrayés et ra-
lentis par la volonté de quelques individus possesseurs de ces
voies de communication, qui ne sont, pour eux, que des entreprises industrielles, dont ils cherchent, dès lors, avec juste
raison, à obtenir le plus de profit possible en établissant des
prix élevés ?

Est-il raisonnable, d'un autre côté, que l'Etat, en laissant
les grandes voies de communication dans les mains des particuliers, quelles que soient, d'ailleurs, les réserves et les conditions qu'il ait pu imposer aux concessionnaires, se mette, en
quelque sorte, à la merci de ces particuliers (1), ou se place
dans la nécessité de violer leur propriété, dans certaines circonstances, ce qui est toujours un très mauvais exemple pour
les citoyens, à qui on apprend ainsi à ne rien respecter, puisque le Pouvoir ne respecte rien lui-même ?

A l'égard des assurances, elles se propagent en France, et on
doit s'en féliciter ; mais la propagation est lente, parce qu'il
y a méfiance de la part du public, trop souvent trompé par la
spéculation.

L'assurance contre l'incendie, particulièrement, appliquée
partiellement par des compagnies intéressées, est, en quelque
façon, une source d'abus et de difficultés sans nombre, une ex-
citation permanente au crime d'incendie pour les assurés, une
cause d'égoïsme et d'indifférence pour les non-assurés, et,
conséquemment, un élément d'immoralité pour les uns et les
autres.

Tout cela disparaît si tous les objets assurables sont assurés
par l'Etat ; car tous les citoyens devenant ainsi solidaires les
uns des autres, ils se surveillent réciproquement, se doivent et
se prêtent de mutuels secours ; par suite, les incendies volontaires disparaissent, et les secours étant plus prompts, les sinistres deviennent infailliblement plus rares et moins désas-
treux. L'expérience, en effet, prouve indubitablement qu'avant
l'établissement des compagnies d'assurances, les incendies
étaient aussi rares qu'ils sont maintenant fréquents ; et lorsqu'un
pareil sinistre arrivait chacun s'empressait de porter secours,
parce qu'il s'agissait de sauver un citoyen malheureux, tandis
qu'on répugne actuellement à s'exposer pour servir les intérêts de compagnies qui spéculent et jouent au jeu (2).

En outre, l'assurance terrestre n'est maintenant appliquée
qu'à l'incendie, à la grêle et à la mortalité des bestiaux. Ces
deux dernières branches sont exploitées d'une façon déplora-
ble, faute d'une organisation convenable assez puissante. Et il
est plusieurs autres cas fortuits que la spéculation n'ose pas a-
border, et qui laissent les populations, surtout celles de la
campagne, exposées à des perturbations désastreuses, à des

(1) Nous en avons déjà eu des exemples au sujet du transport des lettres
par les chemins de fer, notamment avec celui de Nantes, dont le service pos-
tal a été quelque temps suspendu.

(2) Les compagnies devraient être astreintes à payer les sapeurs-pompiers.

Hâtons-nous de dire, pour éviter toute équivoque et toute fausse interprétation, que, si nous pensons que l'État ou gouvernement,—non pas comme il est établi, mais tel que nous le proposons,—doive concentrer et gérer, dans le sens précédemment indiqué, le crédit national et les grands services publics, nous estimons aussi qu'il ne doit se faire ni industriel, ni entrepreneur, ni marchand, et qu'il doit laisser aux citoyens, libres et aidés par le crédit de l'État, l'exploitation de l'agriculture, de l'industrie et du commerce. L'État doit faciliter le travail aux citoyens et ceux-ci profiter seuls du produit du travail; mais il ne doit pas travailler lui-même et faire concurrence au citoyens. C'est pourquoi nous proposons d'abolir le monopole des tabacs et de rendre la culture et l'industrie de ce produit libres comme les autres.

L'exploitation industrielle tend évidemment à obtenir des services qu'elle rend le plus haut prix possible. Acceptez ou n'acceptez pas ces services, vous êtes libre. Si vous acceptez c'est que vous y trouvez votre compte. Par contre, si les services se multiplient, le prix en diminue, et il peut arriver que ces services, si bas que soit ce prix, ne trouvent pas à s'utiliser. C'est là une loi économique qu'on ne peut réglementer entre les individus qu'en violant leur liberté.

Et cela n'a pas lieu seulement à l'égard des affaires de banque ou de commerce : le simple ouvrier fait souvent payer cher son habileté, et il a raison. Tel tailleur, par exemple, qui vous fait un habit, compte le drap pour peu de chose; c'est surtout sa façon que vous payez. Un autre tailleur vous servira à bien meilleur marché. Vous êtes libre de vous adresser à celui qui vous convient, et vous n'avez rien à dire.

Il en est de même du savant, de l'écrivain et de l'artiste : tel exige 20 fr. pour une leçon, qu'un autre donnera pour 3 fr.; un écrit de M. Guizot, de M. Thiers, de M. de Lamartine, de M. Hugo, etc., se vendra un prix qu'il y aurait folie de notre part à espérer pour le nôtre, par exemple; Béranger peut faire un véritable cadeau à quelqu'un en lui donnant le manuscrit d'une chanson, tandis que tel autre poète donnerait ses chansons pour rien qu'on n'en voudrait pas.

Les services se font payer en raison du besoin qu'on a d'eux, ou de l'agrément qu'ils procurent, ou du prix qu'on y attache par suite de considérations diverses, dont les plus communes sont la réputation de l'auteur et la rareté des produits (1). C'est là une condition de la liberté, une loi commune à laquelle personne n'a rien à reprendre et que chacun doit subir sans murmurer.

Seulement ces services sont plus ou moins essentiels, et dans l'impossibilité de les tarifer, de les réglementer, nous disons

---

(1) On a vu vendre 25 fr. un numéro de journal qui n'avait coûté que 5 cent. Ce numéro était rare; celui qui l'achetait en avait envie et pouvait, sans nul doute, sacrifier 25 fr. Le vendeur qui profitait de la circonstance n'était donc pas un voleur, ni un usurier.

à tous nos concitoyens : Organisons le crédit et les grands services publics, parce qu'ils constituent nos principaux moyens de travail et d'action, et que l'industrie particulière, qui s'en est emparée, par suite de l'incurie de nos gouvernants, nous les fait payer trop cher, et que nous ne devons pas être, pour ces principaux éléments, à la merci des caprices et des convenances de cette industrie personnelle.

En effet, le crédit sera suspendu, le cours des affaires arrêté, l'existence des citoyens exposée et la sécurité publique compromise, parce que, dans un moment de crise, des banquiers, — isolés ou réunis, peu importe, — suspendront leurs affaires et garderont leur argent pour ne pas courir des chances trop désavantageuses !

Et on ne peut pas blâmer ces banquiers d'avoir souci de leurs intérêts et d'être prudents et sages en ne compromettant pas ce qu'ils possèdent. Ils ont raison d'agir ainsi, et ne font là que ce que chacun de nous fait dans sa position et sa sphère d'activité, ainsi que le commande l'instinct de conservation qui existe chez tous les hommes bien organisés.

Comment pourrait-on, d'ailleurs, exiger du banquier, dans un moment critique, qu'il continue ses escomptes, alors que, quoique l'argent soit très rare et les chances de perte beaucoup plus grandes que dans un temps calme, il ne peut pas dépasser le taux d'intérêt fixé pour les situations normales par la loi *égalitaire et socialiste* de 1807, et proportionner sa prime aux chances défavorables qu'il court ?

Car — étrange anomalie ! — on repousse avec raison l'égalité des salaires du *travail*, et on établit l'égalité des salaires du *capital*, c'est-à-dire des instruments du travail ? La loi de 1807 passe le niveau de l'égalité sur les divers services, plus ou moins grands et plus ou moins chanceux, que peut rendre le capital, en fixant un taux d'intérêt uniforme.

Les affaires sont-elles courantes et prospères ? L'argent est abondant et les besoins restreints. Le banquier ne trouvera à utiliser son argent qu'à un taux minime, et quelquefois pas du tout. Mais, par compensation, les prix des objets de consommation se trouvent aussi réduits ; car l'intérêt et ces prix sont à peu près toujours relatifs, ce qui établit l'équilibre.

Mais arrivent une crise et une mauvaise récolte : les capitaux se resserrent, les positions changent et deviennent précaires, et les affaires difficiles et très chanceuses ; l'argent est fort rare et les prix des objets de consommation s'élèvent outre mesure. Le banquier qui, dans une situation normale, dépensait 1,000 fr., par exemple, est forcé d'en dépenser 2,000. C'est égal, c'est alors lui qui devient le paria de la société et se trouve mis en dehors du droit commun, par l'intelligente et équitable loi de 1807, qui le place dans cette alternative : ou d'exposer son argent sans compensation, ou de cesser ses affaires et de manger son capital pour ne pas mourir de faim. Le public en souffrira, sans doute ; mais peu importe, le principe est sauvé et la loi respectée. Inclinons-nous, avec soumission

du Peuple, nul doute que le Peuple ne finisse par exiger l'adoption de ce système. — Un Gouvernement prévoyant et sage devancerait les justes exigences du Peuple, afin de mériter ses sympathies et d'assurer sa propre existence.

Si chaque individu pouvait lui-même se donner le crédit, s'assurer, porter ses lettres, etc., etc., il le ferait assurément, afin de garder pour lui la rémunération de ces divers services, c'est-à-dire l'intérêt, la prime, le port, etc., qu'il paie à autrui.

Mais ce qui n'est pas possible de cette manière, c'est-à-dire pour chaque individu isolé, devient facile par la réunion des individus, l'association des intérêts et la mutualité des services.

Si donc tous les citoyens s'entendaient, rien ne leur serait plus facile et en même temps plus avantageux que d'établir des banques, chemins de fer, canaux, assurances, etc., qu'ils feraient gérer, en leurs noms et à leur profit, par un administrateur de leur choix.

C'est là tout simplement ce que, dans notre intérêt et dans celui de nos concitoyens, nous convions le Peuple français à faire, en lui proposant, notamment, d'organiser, de centraliser dans les mains de l'Etat et d'exploiter, pour le compte de la Nation, le crédit foncier, agricole, industriel et commercial, et les grands services publics, tels que chemins de fer, canaux, assurances, etc., comme les postes le sont déjà.

Un exemple rendra cette proposition encore plus évidente.

Un jour des spéculateurs se réunirent, formèrent un capital (probablement fictif, mais que nous voulons supposer avoir été réalisé) et fondèrent une compagnie d'assurances contre l'incendie. La prime fut fixée à un taux élevé. Ils obtinrent des bénéfices considérables.

Cet exemple fut bientôt suivi par d'autres spéculateurs, qui se réunirent à leur tour, avec de nouveaux capitaux, fictifs ou réalisés, formèrent de nouvelles compagnies et obtinrent aussi de très beaux bénéfices, bien que le taux de la prime eût été diminué de beaucoup.

Eclairés par ces précédents, les propriétaires de Paris se dirent : puisque les primes payées aux compagnies sont plus que suffisantes pour acquitter les sinistres, faire face aux frais d'administration et donner, en outre, des bénéfices considérables, en nous assurant nous-mêmes mutuellement, le capital de garantie devient inutile, nous pouvons diminuer la prime et profiter des bénéfices. Ce raisonnement fut aussitôt goûté, la proposition accueillie, et la Société d'assurance mutuelle immobilière de la ville de Paris créé. Les compagnies spéculatrices, dites à primes fixes, après avoir pris beaucoup plus, ont réduit le taux de leurs primes à environ 30 c. par mille francs de valeur assurée, et la Société mutuelle ne demande annuellement à ses membres qu'une cotisation de 7 centimes.

Et comme tous les propriétaires ne pouvaient pas évidemment gérer et administrer leur Société, ils ont choisi, parmi eux, un homme de confiance, capable et honnête, qui agit pour eux et dans leur intérêt, qui leur rend compte, et qu'ils font, d'ailleurs, surveiller par un comité de tant de membres, également pris parmi eux ; et cela marche comme sur des roulettes.

Eh bien ! pourquoi le Peuple français, éclairé par l'expérience, et peut-être aussi un peu par nos explications, n'imiterait-il pas les propriétaires de Paris ?

Nous lui disons donc :

Quelques uns d'entre nous profitent exclusivement, au préjudice des autres, de services qu'ils rendent fort mal, qu'ils font cependant payer fort cher, et dont ils ont, en outre, l'injustice d'exclure le plus grand nombre.

Et, d'un autre côté, nous payons des impôts énormes, nécessités par des dépenses dont le plus grand nombre d'entre nous paie la plus forte part, bien que ces dépenses profitent surtout au plus petit nombre.

Il ne faut plus qu'il en soit ainsi.

Nous tous sommes évidemment plus riches, plus éclairés, et, dès lors, plus solvables et plus puissants que quelques uns d'entre nous, que nous n'excluons pas, d'ailleurs, et, par conséquent, nous pouvons non seulement faire ce que ces quelques uns font, mais le faire plus facilement, mieux et avec plus d'avantage. Chargeons donc notre commis, le Gouvernement, d'organiser et de gérer pour nous, en notre nom et dans notre intérêt commun, le crédit et les grands services publics, dont un, le service des postes, est déjà établi et fonctionne.

Ceux de nous qui recevront un service en paieront le prix ; ce prix, qui pourra être, d'ailleurs, bien moindre que celui actuellement exigé par les spéculateurs exploitant ces services, puisque nous ne voulons pas, comme eux, faire des bénéfices, servira à payer nos dépenses, et nous nous affranchirons ainsi des impôts et de la dette qui nous accablent. Nous pourrons même, avec l'excédant, favoriser l'essor de notre génie national, en encourageant les lettres, les sciences et les arts, afin que la France atteigne pacifiquement l'apogée de sa gloire, et qu'elle accomplisse dignement sa mission civilisatrice et humanitaire, en conduisant le monde civilisé à la réalisation des destinées humaines, réalisation que le Christ a commencée en affranchissant moralement les classes laborieuses.

Il est donc évident que l'organisation et l'exploitation par l'Etat du crédit et des grands services publics seraient si avantageuses au Peuple que ce serait gravement méconnaître ses droits, sacrifier ses intérêts, en un mot détestablement gouverner et administrer la France, que de ne pas adopter ce système. Cependant, avant que d'aborder l'examen particulier des institutions faisant partie de notre plan, nous compléterons la démonstration de la proposition soumise à nos concitoyens et coïntéressés, en faisant toucher au doigt les inconvénients nombreux et majeurs inhérents à l'exploitation par les particuliers du crédit et des services publics.

fléaux qui ravagent annuellement des contrées entières, sèment la ruine et la désolation dans un grand nombre de familles, et coûtent au Trésor des sacrifices considérables.

Une *assurance générale terrestre*, établie par l'Etat, mettrait les populations à l'abri de ces calamités, rendrait les revenus fonciers à peu près fixes et certains, épargnerait au Trésor ces sacrifices, et lui procurerait, au contraire, d'importants revenus (1).

Enfin, les assurances sur la vie, qui reposent sur de bons et nobles sentiments qu'on ne saurait trop encourager et développer : ordre, économie, prévoyance, fraternité, seront lentes à se propager tant qu'elles seront livrées à l'exploitation individuelle et éparpillée des compagnies, lesquelles n'offrent évidemment pas aux assurés-associés les garanties et les avantages qu'ils trouveraient dans une seule assurance gérée par l'Etat.

Il est, en outre, une nouvelle branche de services que l'Etat doit créer : ce sont les encaissements de fonds ou recouvrements à domicile.

Tous ceux qui sont dans les affaires savent quelles difficultés présentent les recouvrements à opérer ailleurs que dans les principales villes de commerce, surtout dans la campagne, ou pour de petites sommes, les banquiers ne voulant pas ou ne pouvant pas s'en charger faute de correspondants, et les administrations de voitures publiques ne s'en chargeant qu'à des conditions onéreuses et seulement sur le parcours des lignes desservies par ces voitures.

Ce nouveau service serait le complément logique du transport de l'argent dont la poste se charge déjà. Avez-vous à envoyer de l'argent, elle s'en charge ; mais si vous avez à en faire recevoir quelque part, elle ne s'en charge pas : c'est une lacune.

Aussi bien, l'Etat, après avoir d'abord donné à ferme et en régie le transport des lettres, a reconnu la nécessité de se charger lui-même de ce grand service public, qui est devenu pour le Trésor une source de produits.

Le besoin des temps réclamait des améliorations, dont deux, la réduction de 5 à 2 p. 100 du droit de transport de l'argent et la taxe réduite et uniforme du port des lettres, sont déjà en exécution. Cela n'eût pas été possible, et la France en serait encore à envier ces améliorations à des Etats voisins, où elles sont déjà anciennes, si le service des postes avait été dans les mains des particuliers (2).

---

(1) La somme totale des sinistres, comparée au chiffre total des revenus, est fort minime. Les sinistres ne sont funestes et ruineux que parce qu'ils atteignent tantôt les uns et tantôt les autres. Répartis fraternellement et proportionnellement sur tous, ils deviennent insensibles pour chacun, et chacun obtient ainsi, dans ses revenus, une sécurité et une régularité fort précieuses.

(2) Il est encore d'autres améliorations à introduire, notamment : — le taux de 2 p. 0|0 pour le transport de l'argent est encore trop élevé et devrait être réduit à 1|2 p. 0|0 ; à ce taux tous les transports d'argent se feraient par la poste, et cela produirait au Trésor un revenu considérable. — La taxe des lettres devrait être réduite : pour l'intérieur des villes à 5 c., et pour le département à 10 c.

Or, il y a identité entre tous les grands services publics ; et les motifs qui ont porté le gouvernement à se charger de celui des postes doivent pareillement le déterminer à faire de même pour les autres : la logique et l'intérêt du Pays le commandent.

Il nous semble donc tout à fait évident et incontestable que l'intérêt du Peuple exige que l'Etat organise et administre à son profit le crédit national et les grands services publics, et que résister à cette exigence ce serait gravement méconnaître sa mission et son devoir.

Ce principe posé et admis, voyons maintenant de quelle manière — sauf à améliorer en exécutant — on pourrait établir le crédit national.

La richesse nationale est de deux sortes principales, à savoir :

La richesse immobilière, c'est-à-dire la propriété foncière ;

La richesse mobilière, c'est-à-dire les produits agricoles, industriels et commerciaux.

Le crédit national doit donc former deux grandes divisions :

Le crédit immobilier ou foncier ;

Et le crédit mobilier ou agricole, industriel et commercial.

Il doit dès lors être établi deux caisses et deux grands-livres distincts, à savoir :

La *Caisse générale de la propriété foncière* et le *Grand-Livre du crédit foncier* ;

La *Caisse générale de l'agriculture, de l'industrie et du commerce*, et le *Grand-Livre du crédit agricole, industriel et commercial*.

Crédit immobilier ou foncier.

La Caisse générale de la propriété foncière ouvre à tout propriétaire foncier qui le désire un crédit, garanti par hypothèque, jusqu'à concurrence de la moitié aux deux tiers de la valeur de la propriété donnée en garantie. Un contrat intervient entre l'Etat et l'emprunteur, après vérification des biens et examen des titres. L'hypothèque une fois inscrite et le rang établi, un compte-courant et d'intérêts est ouvert au propriétaire-emprunteur sur le grand-livre du crédit foncier.

Le propriétaire ainsi crédité prend à la caisse, dans les limites de son crédit, les sommes qui lui sont nécessaires, à mesure de ses besoins ; et il y verse, à sa volonté, les fonds dont il peut disposer et dont il n'a pas actuellement l'emploi.

L'intérêt est calculé à raison de 3 p. 100 par an. Le crédité supporte, en outre, un très léger droit de mouvement de fonds.

Le compte-courant est balancé tous les trois mois, et l'intérêt du trimestre expiré prélevé par l'Etat et porté au débit du compte du propriétaire.

Le crédité peut affranchir sa propriété en totalité ou en partie, à sa volonté, en réduisant son crédit ou en soldant son compte.

L'emprunteur ne supporte aucuns frais d'emprunt ni de libération.

Indépendamment des avantages généraux de notre système de crédit national, il en est de particuliers au crédit foncier qui méritent d'être signalés.

Dans l'état actuel des choses, les prêts étant pour les capitalistes des placements de fonds faits dans leur intérêt, ils ne prêtent que des sommes rondes et ne reçoivent pas de fractions en remboursement (1). L'emprunteur prend donc toujours une somme supérieure à ses besoins. Il n'a pas, d'ailleurs, le plus souvent, l'emploi immédiat de toute la somme empruntée, et conserve ainsi dans ses mains, plus ou moins de temps, un capital quelconque inoccupé et improductif, dont il paie ainsi l'intérêt sans compensation, et il dépense même parfois inutilement ce capital, car rien n'invite à la dépense comme la possession de l'argent. Il en est de même des sommes qu'il réalise dans le courant de l'année par la vente de produits ou autrement, obligé qu'il est de les garder plus ou moins long-temps, soit en attendant l'époque des paiements qu'il peut avoir à faire à son créancier ou à d'autres, soit parce qu'il peut en avoir besoin un peu plus tard : nouvelle perte d'intérêt, et peut-être aussi de capital. Enfin, obligé de payer à époques fixes, soit l'intérêt annuel, soit le capital au terme du prêt, alors que ses produits se réalisent inégalement et à des époques indéterminées, il est souvent forcé de vendre ses récoltes à vil prix ; et si sa récolte lui a fait défaut, il est poursuivi, exproprié et ruiné : voilà le résultat de l'emprunt. — Si cela n'arrive pas au premier retard de paiement, soit de l'intérêt, soit du capital, et que le créancier accorde prorogation de délai, ce n'en est pas moins le résultat final de la plupart des emprunts, la prorogation ne faisant, d'ailleurs, qu'augmenter les frais et aggraver ainsi la position du débiteur. — En province principalement, au moins dans beaucoup de localités, les prorogations sont même à peu près inusitées, et on procède d'une manière encore plus onéreuse pour l'emprunteur : le débiteur en retard de payer un semestre d'intérêt et poursuivi par le créancier emprunte de nouveau une somme un

---

(1) Pour échapper à la disposition de la loi sur les obligations, d'après laquelle, le terme étant établi en faveur du débiteur, il pourrait ainsi se libérer à sa convenance avant ce terme, et peut-être aussi par fractions, on a grand soin de stipuler dans les obligations que, l'époque de remboursement étant fixée dans l'intérêt du prêteur comme dans celui de l'emprunteur, cette époque ne pourra pas être devancée, et que le débiteur ne pourra pas non plus se libérer par fractions, mais seulement en totalité. On stipule aussi qu'à défaut de paiement exact des intérêts, le capital deviendra exigible quinze jours ou un mois après l'époque d'exigibilité du semestre non payé. — Tout cela peut paraître rigoureux et cruel, mais c'est juste ; car le capitaliste vit de son intérêt, comme le propriétaire de maison vit de ses loyers, le propriétaire de terre de ses fermages ; et chacun de nous de notre industrie ou de notre travail. Ce n'est donc pas la faute des hommes, c'est la faute des institutions, ou plutôt celle des gouvernants, qui ne font rien et se soucient fort peu des intérêts du Peuple, et plus encore la faute du Peuple, qui est assez stupide pour souffrir cela et s'en contenter.

peu plus forte, afin de payer, soit à son premier créancier les intérêts en retard, le capital dû et les frais faits, soit à son nouveau créancier un semestre ou une année d'intérêt d'avance, ainsi que cela se pratique le plus souvent, soit, enfin, les frais du nouvel emprunt. Une fois engagé dans cette voie, le propriétaire ne peut pas échapper à sa ruine : des emprunts successifs, toujours de plus en plus considérables, sont contractés, à des époques rapprochées, jusqu'à ce que la propriété n'offre plus une garantie suffisante pour répondre d'un nouvel emprunt : alors elle est vendue judiciairement, à vil prix, avec complication de frais considérables, et les choses s'arrangent presque toujours de telle façon que le propriétaire emprunteur, qui n'a reçu que le montant du premier emprunt, équivalant à peu près à la moitié de la valeur de sa propriété, se trouve, au bout du compte, entièrement dépouillé de cette propriété.

Quant au mode d'amortissement des dettes hypothécaires, dans un laps de temps plus ou moins long, au moyen d'annuités composées de l'intérêt et d'un supplément, ce mode, emprunté aux Etats du Nord (1), où il convient, sans doute,

---

(1) Il semble à certaines gens que les Français ne sont capables de rien imaginer, et qu'il faille absolument copier les autres peuples. Tantôt c'est le régime bâtard, dit constitutionnel ou parlementaire, qu'on emprunte à l'Angleterre. D'autres fois, c'est le système politique américain que les uns adoptent, mais en le faussant, et que M. de Girardin voudrait, à toute force, voir établir chez nous d'après une copie rigoureusement exacte calquée sur l'original. Quant au crédit foncier, c'est M. Wolowski, Polonais d'origine, qui, par amour filial, réclame à grands cris, partout, toujours et sous toutes les formes, l'établissement en France du système pratiqué chez lui, d'où il l'a importé; avec cette observation, pour ordre, que M. Wolowski, jusqu'en 1848, était partisan de l'organisation du crédit foncier par l'Etat, qui seul, disait-il alors, était capable d'accomplir cette œuvre; tandis que depuis 1848 il juge l'Etat impropre à une pareille tâche, et pense qu'elle doit être confiée à l'industrie particulière, — c'est-à-dire, probablement, à la Banque de France, cette MAISON DE CRÉDIT *du haut commerce* qui entend si merveilleusement et respecte avec tant de scrupule les intérêts généraux de l'industrie et du commerce, et accomplit à la satisfaction générale, depuis le plus grand jusqu'au plus petit, sa mission sociale d'*institution nationale et privilégiée du crédit français !*

Nos importeurs de systèmes étrangers voudront bien nous accorder la permission de leur soumettre, très humblement, cette petite observation :

L'oiseau-mouche mourrait en France, dont le climat serait trop froid pour lui. Les oranges, cet excellent fruit, si commun et si prisé en France, n'y viennent pourtant pas comme à Mayorque, à Valence, etc., parce que le terrain leur convient moins. On planterait vainement partout ailleurs les cépages du Médoc : on n'en obtiendrait qu'un vin ordinaire, au lieu de ce nectar si justement renommé qu'ils produisent, parce que la terre du Médoc leur convient. Cela veut dire que ce qui convient à un peuple, à un pays, convient rarement à un autre peuple, à un autre pays, et que par conséquent, lorsqu'on veut se livrer à l'industrie de l'importation ou de l'imitation, il faut soigneusement, avant tout, tenir compte des différences de climats, de besoins, de ressources, de lois, d'idées, de mœurs ou de vues même existant entre le pays où on prend l'objet à importer et celui où on veut l'introduire, et savoir approprier cet objet à l'endroit où on veut l'établir.

Or, le peuple français, généreux, enthousiaste, magnifique, mais inconstant, léger, impatient, ressemble si peu au peuple américain, ce peuple positif, calme, froid, persévérant et simple, que c'est une inconséquence incom-

puisqu'il y existe, ne convient aucunement à la France, dont la constitution territoriale et les mœurs sont différentes, et s'opposent à son introduction et à son établissement efficace, sans modifications essentielles qui le changent entièrement. Il a été essayé, à plusieurs reprises et de différentes manières, par plusieurs institutions, notamment par la caisse hypothécaire, la banque d'amortissement et la caisse de libération des dettes hypothécaires : ces expériences réitérées et concluantes ont prouvé que ce système est impraticable en France.

D'abord, il présente les inconvénients des prêts purs et simples, que nous avons ci-dessus signalés, quant aux paiements obligatoires, à époques fixes, de sommes déterminées, ainsi qu'aux pertes d'intérêts et de fractions de capital.

Ensuite, obliger le propriétaire à payer, pour l'amortissement de sa dette, une prime ou supplément d'intérêt, alors que l'intérêt simple, qui est déjà trop lourd pour lui et l'embarrasse le plus souvent, se trouve, en effet, supérieur à ses revenus, c'est accroître la charge et augmenter l'embarras et le danger, c'est aggraver la position du débiteur, — car s'il ne peut pas payer l'intérêt ordinaire, il lui sera encore plus difficile d'y ajouter la prime d'amortissement (1).

Ce système d'amortissement peut convenir à quelques propriétaires ayant des revenus assurés en dehors de leurs biens, ou dans quelques localités favorisées ; mais il serait, à coup sûr, funeste à la masse des propriétaires-cultivateurs, c'est-à-dire aux habitants de la campagne.

Avec notre système de crédit, le propriétaire ne prend que l'argent qui lui est nécessaire, lorsqu'il va l'employer, et peut utilement verser celui dont il n'a pas actuellement l'emploi, dès qu'il le possède ; il ne conserve donc jamais chez lui la moindre somme improductive, ne paie pas d'intérêt sans compensation, et échappe à la tentation et à l'occasion de dépenser inutilement son argent.

préhensible de la part de M. de Girardin, que de vouloir faire endosser au peuple français l'habit politique américain, qui lui siérait fort mal.

De même, le système Wolowski peut parfaitement convenir à la Pologne et autres Etats du Nord, sans être applicable à la constitution territoriale, aux lois et aux mœurs de la France. En proposant l'adoption de son système, sans tenir compte des différences essentielles existantes entre ces divers pays, M. Wolowski a donc, ou commis une lourde inconséquence, qui nous étonne de sa part, ou prouvé qu'il ne connaît aucunement la constitution, les besoins et les ressources de la propriété rurale de la France, pas plus que les mœurs de ses habitants, et qu'au lieu de parcourir et de consulter les différentes parties du territoire français, afin de s'éclairer suffisamment, il s'est borné à copier dans son cabinet, à Paris, les statuts des banques foncières de son pays, et à les proposer, légèrement et sans plus de façon, au peuple français, comme pouvant sauver sa propriété territoriale et son industrie agricole, qui en souffriraient au contraire énormément.

(1) Le revirement d'opinion de M. Wolowski, relativement à l'organisation du crédit foncier, complique encore la difficulté et la rend plus grande. Si l'industrie particulière réalisait son projet, elle voudrait sans doute obtenir des bénéfices qui augmenteraient nécessairement l'intérêt. — Il porte cet intérêt à 4 ou 5 p. 0|0, et la prime d'amortissement a 2 p. 0|0, soit en tout 6 ou 7 p. 0|0 par an, et la propriété produit tout au plus de 3 à 4 p. 0|0, terme moyen.

Ce système, basé sur la constitution, les besoins, le produit
et les ressources de la propriété foncière, faciliterait les améliorations agricoles, qui demandent presque toujours beaucoup
de temps, et permettrait aux propriétaires industrieux d'obtenir un revenu supérieur à l'intérêt et de se libérer insensi-
blement. — Il faciliterait aussi les acquisitions territoriales
aux ouvriers laborieux et économes, et ferait ainsi pénétrer
dans leur esprit ou y développerait le vrai sentiment de l'ordre, de la conservation et de la propriété (1).

Tout autre système, obligeant le propriétaire foncier à
payer un intérêt supérieur aux revenus du sol, et une somme
déterminée, à époque fixe, ne répond pas aux ressources de
la propriété foncière : c'est un piège au fond duquel se trouvent inévitablement l'expropriation et la ruine du propriétaire : l'expérience de long-temps et de tous les jours est là
qui le prouve sans réplique.

(1) Dans les pays où le sol a été morcelé, nous avons personnellement
appliqué notre système de crédit foncier, au moins quant à la facilité de se
libérer par à-compte, si minimes qu'ils fussent et à la convenance des débiteurs, et nous avons pu en apprécier les heureux effets. Tel paysan, tel
ouvrier, qui ne fussent jamais devenus propriétaires sans cette facilité, ont
acquis un morceau de terrain où ils ont fait bâtir une maison, ce qui est
devenu, souvent, le commencement d'un domaine pour l'un, d'une maison de campagne pour l'autre, et toujours, pour tous les deux, une cause
d'ordre et de moralisation.
Reste maintenant à substituer au morcellement (conséquence de l'écrou-
lement de la féodalité, dont chacun a voulu avoir un morceau), qui a fait son
temps et produit son effet providentiel, mais qui est en soi mauvais ; car il
n'est que l'expression de l'*individualité et de l'égoïsme* appliqués à la propriété, la reconstitution *démocratique* de la grande propriété, au moyen
des associations agricoles, c'est-à-dire de la réunion LIBRE et VOLON-
TAIRE des terrains productifs, contigus mais divisés, en grandes exploita-
tions, pouvant, dès lors, être mieux cultivées et à moins de frais, utiliser
des terrains maintenant occupés sans fruit par des séparations ou des chemins, et éviter pour les détails d'exploitation, notamment la vente journa-
lière des denrées, une perte de temps et d'argent qu'on peut, sans crainte
d'exagération, évaluer à 30 fr. au moins par famille et par an : d'où il suit
que chaque copropriétaire aurait alors, avec le même capital, un revenu net
supérieur à celui qu'il obtient à présent.
Dans ces associations, chaque propriétaire actuel, petit ou grand, appor-
terait son terrain pour la valeur amiablement fixée ; et recevrait un titre
équivalent. — La propriété serait ainsi mobilisée. — Nous parlerons plus
longuement ailleurs de ces associations, qui doivent jouer un grand rôle
dans l'avenir national.
Le Gouvernement national pousserait à ces associations de toute son in-
fluence *morale*, mais sans rien faire pour y contraindre personne, chacun
devant rester librement maître de son bien, même à son préjudice.
On comprend, du reste, combien cela simplifierait les opérations de la
Caisse de la propriété foncière.
L'association des intérêts produit l'union des hommes, et l'union développe les bons sentiments dont le germe est en nous et fait disparaître ou cor-
rige les mauvais instincts qui s'y trouvent mêlés. — Un gouvernement oppo-
sé à la nation et luttant sans cesse avec elle s'attache à diviser les hommes,
afin qu'étant moins forts, il puisse mieux les dominer et les combattre. —
Diviser pour régner, corrompre et appauvrir pour affaiblir et dominer :
telle est la devise et tels sont les moyens principaux de nos gouvernants. —
Mais un gouvernement national, qui n'est que l'administrateur des intérêts
du peuple et ne doit, conséquemment, rien vouloir et rien faire contre ces
intérêts, cherche, au contraire, à unir les hommes, qui n'en sont que plus
forts et plus heureux.

Quelles que soient l'estime et la confiance que méritent les bons nationaux, même avec le cours forcé, les pièces d'or et d'argent leur seraient préférées par certaines gens et deviendraient l'objet d'un agiotage et de spéculations coupables, comme on l'a vu à l'égard des billets de banque.

L'or et l'argent sont des métaux recherchés avec lesquels se fabriquent des objets à l'usage des individus; c'est en priver, sans utilité, l'industrie, et par suite les individus, que de les conserver comme signe d'échange, sous forme de monnaie, ce signe pouvant tout aussi bien être en papier, comme il pourrait être en tout autre objet, attendu que sa valeur est essentiellement conventionnelle. Supprimer les espèces, c'est enrichir le pays d'environ trois milliards de matières versées dans l'industrie et le commerce; c'est diminuer le prix des objets d'or et d'argent et les mettre à la portée d'un plus grand nombre de personnes; c'est substituer la vérité à l'erreur, la réalité à la fiction.

La seule objection qu'on puisse faire à cette mesure, c'est que l'or et l'argent, ayant à peu près partout la même valeur, servent de moyen d'échange entre les différentes nations d'Europe et quelques autres.

Cette objection a une valeur relative qui ne peut faire obstacle à la suppression des espèces, attendu que les monnaies des différents États, quoique ayant effectivement une valeur absolue à peu près égale, comme matière et au poids, n'ont cependant pas cours comme monnaie ou signe d'échange dans les États étrangers. La pièce d'or de Russie a bien en France la valeur absolue de son poids comme matière d'or, au cours de l'or; mais elle n'est pas acceptée comme pièce de monnaie courante. Le Russe qui vient en France avec ses roubles est obligé de les changer contre des pièces françaises, et *vice versa*.

Or, ce change aura lieu de la même manière qu'à présent : l'étranger qui viendra en France y changera les valeurs de son pays contre des bons nationaux; de même que le Français qui ira à l'étranger changera ses bons nationaux contre des valeurs étrangères, soit en France même, soit dans les pays étrangers, tout comme on change de l'argent pour de l'or quand on veut voyager. Ce change de valeurs-papier a déjà lieu, ainsi qu'on peut s'en convaincre en visitant les comptoirs des changeurs, où on trouve des billets de banque de tous les grands États.

Quant à la monnaie d'appoint que nous émettons, il nous a semblé qu'à cet égard, comme à peu près en toutes choses, le plus simple est le meilleur. *France* d'un côté, et de l'autre l'indication de la valeur et le millésime de l'émission, c'est tout ce qui est nécessaire pour donner à une pièce de monnaie une valeur convenue.

Il me semble que quelqu'un, —M. de Girardin, je crois,— a émis le vœu que tous les États d'Europe adoptassent un signe commun d'échange. Peut-être que la mesure prise en France de supprimer les pièces d'or et d'argent, et d'adopter une mesure d'appoint aussi simple que celle que nous proposons, contribuerait à la réalisation de ce vœu, auquel l'établissement des voies de communications internationales, et les rapports, de plus en plus fréquents et multipliés, des Peuples entre eux, donnent le caractère d'une nécessité qu'il faudra bien satisfaire un jour. Il dépendrait de la France que ce jour fût prochain.

Biens nationaux.

Rien ne justifie la possession par l'État des biens nationaux dits de la liste civile. Cette possession se comprenait, en quelque façon, sous un Gouvernement monarchique ; mais elle ne s'explique pas et ne saurait être tolérée sous le Gouvernement national que nous proposons. Ces biens ne produisent tout au plus, terme moyen, que 2 p. 100, et il en est qui ne produisent absolument rien, tandis que l'État paie l'intérêt de sa dette à raison de 5 p. 100. C'est donc fort mal entendre et mal gérer les intérêts du Peuple, à qui ces biens appartiennent, que de les conserver et de perdre ainsi, chaque année, une somme considérable formant la différence du produit obtenu à l'intérêt payé.

La disposition de notre projet d'après laquelle ces biens doivent être vendus est donc réellement conforme aux vrais intérêts du Peuple, et ne saurait rencontrer de contradicteurs.

Cette vente peut avoir lieu par voie de loterie ; on obtiendrait, de cette manière, le prix réel de ces biens.

Caisse nationale patriotique.

Le sentiment national et le dévoûment à la chose publique se développeront en raison directe de la moralisation du Pouvoir, de son devoûment à la société qu'il représente, et de la satisfaction des besoins de chacun. Tel individu qu'aucun lien n'attache particulièrement à personne pourra d'autant mieux penser à tous et donner à tous, en donnant à la Nation, que personne n'aura plus particulièrement besoin, n'excitera sa commisération et ne sollicitera sa générosité.

Beaucoup de dons faits précédemment, soit à des individus, soit à des communes, soit à ou pour des établissements d'utilité publique ou de bienfaisance, soit enfin pour d'autres destinations, seront, à l'avenir, faits à la Nation, dont le Gouvernement rendra ces dons aux individus, aux communes, etc., à peu près inutiles, en s'attachant à satisfaire, autant que possible, tous les besoins collectifs ou individuels. Exemple : Paul voulait faire un don pour fonder un hospice ; mais c'est inutile, parce que le Gouvernement y a suffisamment pourvu : ce don sera fait à la Nation.

Qu'on suppose aussi des besoins extraordinaires, par suite de guerre ou autrement : la caisse nationale patriotique se remplira sur l'heure.

Aujourd'hui, qui serait assez simple ou assez aveugle pour

C'est par ce moyen, et avec le produit soit de la vente des *biens nationaux*, soit de la *caisse nationale patriotique*, que l'Etat fera à la propriété foncière, à l'agriculture, à l'industrie, au commerce et aux particuliers, les avances qu'ils seront en état de recevoir et d'employer utilement.

Examinons la valeur de ces bons nationaux.

Ils représentent tous une valeur correspondante, ayant actuellement cours. — En effet :

Une partie du capital formé avec ces bons est sûrement garantie par un gage immobilier, ample et certain, c'est-à-dire par une hypothèque sur des immeubles d'une valeur supérieure à la somme avancée. Sous ce rapport, ils équivalent aux contrats hypothécaires, généralement considérés comme les valeurs les plus solides, sinon les plus commodes.

Une autre partie du capital repose sur des consignations ne laissant aucune chance de perte.

Une troisième partie a pour objet les opérations de banque et d'escompte ordinaires, comme la Banque de France. L'existence de cette banque et de ses billets au porteur nous dispenserait, à la rigueur, de toute explication ; mais nous voulons détruire toutes les objections qu'on pourrait faire, de manière à convaincre les plus incrédules.

On dira, par exemple, que, si la Banque de France inspire tant de confiance, et que, par suite, ses billets sont si recherchés, c'est qu'elle limite à un petit nombre de personnes choisies ceux dont elle admet les valeurs à l'escompte, et qu'elle échappe ainsi aux éventualités de l'inconnu ; tandis que, notre système de crédit s'étendant jusqu'aux dernières limites du possible, les chances défavorables sont plus nombreuses.

Cette objection, la seule qu'on puisse présenter avec quelque apparence de raison, est pourtant spécieuse et manque de fondement et de justesse.

D'abord, en crédit comme en assurance, les chances sont relatives au nombre des opérations. Plus le nombre des débiteurs est grand et le capital divisé, moins il y a, en fin de compte, de non-paiements. En étendant le crédit nous lui donnons une base sûre qu'il ne possède pas dans des limites restreintes.

Ensuite, ce serait une grande erreur de croire que parmi les classes inférieures de la société, notamment dans ce qu'on appelle le petit commerce et la petite industrie (dédaignées par la Banque de France, parce que ses affaires choisies sont assez considérables et lui donnent d'assez beaux bénéfices), il y a moins de sécurité que parmi les industriels et commerçants d'un ordre plus élevé. Ces derniers sont plus riches, sans doute, et font des affaires plus considérables et plus avantageuses ; mais aussi ils se livrent à des opérations plus chanceuses, à des spéculations qui peuvent les ruiner d'un moment à l'autre, s'ils ne réussissent pas ; tandis que les petits industriels et commerçants ne font que des affaires courantes et peu considérables, moins avantageuses, sans doute, mais aussi à peu près sûres, quand la société se trouve dans un état normal. Et si, parmi cette classe, on voit de fréquentes faillites (1), cela doit être principalement attribué au manque de crédit, qui les met à la merci des usuriers, ou quelquefois même les empêche de continuer leurs affaires, bien commencées et en bonne voie, faute de quelques avances.

Enfin, pour être généreux et tutélaire envers tous, l'Etat n'est pas obligé de se montrer aveugle et imprudent, et son devoir même, comme gérant des intérêts de tous, l'oblige à ne pas sacrifier ces intérêts par trop de légèreté, de complaisance ou de faiblesse. — Il ne faut pas non plus oublier ce que nous avons déjà dit : par tous les moyens dont il dispose, l'Etat est toujours mieux renseigné que qui que ce soit, et peut, pour ainsi dire, agir à coup sûr.

Il est donc permis de conclure que, sous ce rapport, les bons nationaux présentent une solidité encore plus grande que les billets de la Banque de France, qu'ils remplaceraient avantageusement.

Reste la portion afférente aux opérations de commandite des entreprises à fonder.

On sait quelle faveur s'attache aux entreprises dans lesquelles le gouvernement intervient, ne fût-ce que pour en examiner les statuts et autoriser les compagnies à se former en sociétés anonymes.

Alors donc que l'Etat y est intéressé par les avances qu'il fait, son concours ne saurait être ni moins sérieux, ni moins efficace, et on a déjà vu que ce concours a notamment pour effet de rendre les affaires sûres.

Les actions des bonnes compagnies ont cours et sont recherchées : les bons nationaux, remplaçant ces actions, méritent d'autant plus de crédit que l'agiotage, qui entoure maintenant toutes les affaires de commandite, et rend souvent mauvais un titre qui devait être bon, n'existe plus.

Il est donc de toute évidence que les bons nationaux, reposant, comme les contrats hypothécaires, les actions et les billets de banque, sur des immeubles, sur des valeurs mobilières, sur de bonnes entreprises, en un mot sur des gages certains, offrent toute sécurité et méritent toute confiance. Et l'assimilation qu'on pourrait faire de ces bons avec d'autres valeurs du même genre, anciennes ou modernes, notamment avec les assignats ou papier-monnaie (mots dont on se sert pour effrayer les ignorants, de même qu'on fait peur aux oiseaux avec des hommes de paille, plantés dans les champs), cette assimilation manquerait donc de fondement et de vérité, et ne pourrait être faite que par des ennemis du sage et véritable progrès, intéressés à tromper le public.

La suppression des espèces ayant actuellement cours n'est pas seulement une mesure complétive de la création des bons nationaux, elle est aussi logique et utile.

(1) Relativement, les faillites sont moins nombreuses dans le petit commerce et la petite industrie que dans les régions plus élevées.

Crédit mobilier, ou agricole, industriel (1) et commercial.

La caisse générale de l'agriculture, de l'industrie et du commerce, commandite les entreprises ou opérations de toutes sortes dont elle reconnaît la solidité et les avantages, moyennant un intérêt, plus une part des bénéfices nets, à titre de prime.

Elle fait, moyennant intérêt, des avances sur consignation de denrées, marchandises ou autres objets ou valeurs quelconques.

Elle ouvre des crédits aux industriels, commerçants et ouvriers qui le demandent, moyennant caution ou garantie.

Elle escompte les valeurs qu'elle croit posséder une solidité suffisante.

En un mot, elle fait, comme institution de crédit et dans le but de favoriser les efforts individuels des citoyens, en mettant à leur disposition les instruments de travail, c'est-à-dire le crédit, toutes les opérations de banque et d'escompte compatibles avec son caractère, son esprit et son but. Et ces opérations étant parfaitement connues de tout le monde, il nous semble absolument inutile d'entrer, à ce sujet, dans des explications qui allongeraient inutilement ce travail.

Nous ferons seulement remarquer que la commandite proprement dite a principalement pour objet les entreprises ou opérations à fonder, et n'offre pas, dès lors, comme les individus établis, la garantie d'une position acquise. C'est pourquoi, la caisse courant, en quelque façon, pour ces sortes de choses, une chance défavorable plus grande que pour les autres opérations indiquées, il est juste qu'elle ait, en compensation, à titre de prime d'assurance, une part des bénéfices, en sus de l'intérêt.

Cette branche de crédit aura, d'ailleurs, d'autres avantages qu'il est bon de signaler :

1° Toute bonne idée est assurée de pouvoir être réalisée, et, dès lors, l'activité individuelle, physique ou intellectuelle, ainsi facilitée, reçoit un salutaire essor et un immense développement qui favorise, au plus haut degré, l'accroissement des lumières et de la richesse, et la propagation du bien-être dans tous les rangs.

2° Les idées proposées étant soigneusement examinées et justement appréciées, au moyen de tous les éléments que le gouvernement possède, et toute idée mauvaise étant naturellement repoussée, il en résulte qu'il n'y a plus que les bonnes qui se réalisent, ce qui rend les affaires infiniment plus sérieuses, plus solides et à peu près certaines.

____

(1) Par industrie nous n'entendons pas seulement l'industrie manufacturière, mais toutes les industries, professions ou états quelconques. — De même qu'un ouvrier travaillant pour son compte et fournissant est regardé comme industriel.

Crédit personnel, ou caisse générale d'assistance publique.

Le propriétaire foncier, l'agriculteur, l'industriel et le commerçant, en état de travailler et de recevoir, par leur position, le crédit de l'Etat, utilement pour l'un et pour l'autre, de même que celui qui, possesseur d'une idée utile, veut en tirer parti, tous ont donc maintenant à leur disposition, au moyen des caisses générales de la propriété foncière, de l'agriculture, de l'industrie et du commerce, les instruments de travail nécessaires.

Mais, à côté des propriétaires fonciers et des individus exerçant une profession ou ayant une idée utile, il en est d'autres qui ne sont pas propriétaires, n'exercent aucune profession ou ne sont pas établis et travaillent pour compte d'autrui : tels sont les rentiers, employés et ouvriers à la journée ou à la façon. Pour ceux-là, la caisse générale d'assistance publique vient à leur secours, lorsqu'ils en ont besoin, en attendant la réalisation de leurs ressources, en leur faisant des avances garanties par délégation de ces ressources ou autrement.

Pour les employés et ouvriers de tous genres, jusqu'à ceux au service de la maison ou de l'individu, qu'on appelle, par abréviation, domestiques, des registres d'offres et demandes d'emplois, par catégories professionnelles, tenus dans chaque mairie de France, facilitent à chacun l'utilisation de ses facultés et de ses moyens de travail, en même temps que cette mesure offre à l'Etat, pour ses avances, une garantie au moins aussi réelle et aussi sûre que celles que présentent la plupart des opérations ordinaires de prêt, de banque et d'escompte.

Remarque générale.

Une remarque générale et importante est à faire relativement à notre système de crédit, c'est que chaque individu recourant au crédit de l'Etat est tenu d'assurer ses valeurs mobilières et immobilières, ainsi que son existence, au moyen de l'*assurance générale terrestre* et de l'*assurance générale sur la vie* établies et exploitées par l'Etat, qui obtient ainsi, pour ses opérations de crédit, une sécurité réelle des plus grandes, indépendamment de ce que le gouvernement, tel que nous le proposons et qu'on pourrait, pour ainsi dire, appeler le *gouvernement mutuel*, a des éléments de lumière et d'appréciation, ainsi que des moyens d'action plus étendus, plus puissants et plus efficaces que qui que ce soit, et qui rendent ses opérations de crédit bien moins chanceuses que les opérations ordinaires de cette nature.

Voilà donc toute la portion valide de la société (nous allons nous occuper des invalides) pourvue, par le crédit, des instruments de travail et, par le travail, des moyens de vivre.

Bons nationaux. — Espèces.

Comme on l'a vu par notre projet de Charte, il est créé des bons nationaux de 5 fr. à 10,000 fr.

faire un don à la Nation, alors que chacun sait combien les deniers publics sont légèrement gaspillés et sacrifiés par le Pouvoir ?

Etablissements d'asile. — Mendicité.

Nous n'admettons pas l'aumône, que repousse énergiquement la dignité humaine, qui ne se conçoit pas et qui ne doit pas être permise ou tolérée chez un peuple libre et civilisé, dans une société bien organisée et bien gouvernée. L'aumône est un moyen d'orgueil et d'oppression pour celui qui la fait, une humiliation injurieuse et avilissante pour celui qui la reçoit. C'est une infirmité sociale qui accuse péremptoirement les vices de notre constitution sociale et politique, et de notre système gouvernemental (1).

Nous ne concevons que deux catégories de citoyens : les valides et les invalides ; ceux qui peuvent travailler, ou qui ont de quoi vivre sans travailler, et ceux qui ne peuvent pas travailler ; — et quiconque n'a pas de moyens d'existence acquis doit pouvoir vivre en travaillant, mais doit travailler pour vivre.

Aux valides, la société prête les instruments de travail, moyennant une rémunération qui compense ce service et laisse ainsi l'individu libre, même moralement, vis-à-vis de la société.

Aux invalides, sans moyens d'existence acquis, une société civilisée, et par conséquent humaine et fraternelle, doit l'asile et la vie (2).

La mendicité doit donc être absolument interdite.

Traitements et Pensions.

Pour être bien servi il faut bien payer. Tout le monde sait cela et chacun le trouve juste, du moins pour soi, si on le conteste pour les autres (3).

Si l'on veut qu'un fonctionnaire ou employé s'occupe exclusivement de son travail, et qu'il se dévoue à ses fonctions ou à son emploi, de même que si l'on ne veut pas qu'il recherche les tours de bâton, il faut absolument: 1° que sa conscience ne lui crie pas à chaque instant : Je ne suis pas rémunéré selon

---

(1) « Toute société civilisée où règne le paupérisme, où le travail de l'homme ne suffit pas à son existence et où se rencontre l'extrême richesse à côté de l'extrême pauvreté est une société mal organisée, et, dès lors, sujette aux ébranlements. » (*Examen critique du siècle et plan d'améliorations sociales.*)

(2) « Aimez-vous les uns les autres. » (LE CHRIST.) L'amour est toute la loi.

(3) Nous en avons eu la preuve depuis Février surtout. Les républicains de la veille, qui, sous la monarchie, criaient à tue-tête qu'on donnait de trop forts traitements, qu'on cumulait, qu'on gaspillait les deniers des contribuables, sont ceux qui ont le plus exigé, cumulé et gaspillé. Lorsqu'un employé ou un ouvrier est obligé de laisser son atelier ou son bureau pour se reposer ou pour vaquer à ses affaires personnelles, le paie-t-on quand même? Non. Quand un représentant va se reposer ou soigner ses intérêts personnels, parfois des mois entiers, le paie-t-on? Oui... Qui paie? Le peuple. Qui fait les lois? Les représentants!..... Laissez passer la justice des hommes.....

mon travail ; — 2° que sa rémunération soit suffisante pour qu'il puisse raisonnablement s'en contenter ; — 3° qu'il ne soit pas inquiet pour son avenir.

Comment ! nous vivons dans un siècle où le crédit, la puissance, le respect, la considération, tout, en un mot, jusqu'au talent, pour ainsi dire, ou du moins à la réputation, se mesure aux piles d'écus qu'on possède, aux habits qu'on porte, au luxe qu'on affiche, au train qu'on mène, et vous donnez aux fonctionnaires et employés, c'est-à-dire aux serviteurs de la nation, des traitements qui ne peuvent pas suffire à leurs besoins, — naturels ou sociaux, réels ou fictifs, peu importe, car les besoins sociaux, une fois nés, deviennent, pour la plupart, aussi impérieux que les besoins naturels et quelquefois même davantage ! — Et vous exigez d'eux un dévouement et une probité dont ils cherchent vainement, d'ailleurs, l'exemple autour d'eux ! Ignorez-vous donc que, grâce à la corruption exercée par le pouvoir, nos mœurs sont relâchées, et que, dans notre société pourrie, le sentiment du devoir est éteint, le désintéressement, le dévouement à la chose publique et la vraie philosophie n'ont plus cours ?... Insensés ! Vous voulez gouverner des hommes, et vous ne connaissez pas le cœur humain ! Vous voulez diriger une société, et vous en méconnaissez aussi grossièrement l'esprit, les idées, les mœurs, les vices, les tendances et les besoins les plus prononcés et les plus rigoureux !

Quelle mine voulez-vous que fasse, par exemple, un conseiller de *Tribunal d'appel* (1), dans une grande ville, avec un traitement de 250 fr. par mois, alors que le plus petit commerçant et jusqu'à beaucoup de commis et d'ouvriers gagnent davantage ? Il ne peut donc pas être conseiller s'il n'a pas de fortune ! Les fonctions de conseiller sont donc un privilège de la fortune ! — Comment voulez-vous qu'un employé à qui vous donnez 50 à 60 fr. par mois résiste au besoin d'améliorer sa position, de donner un morceau de pain de plus à sa femme et à ses enfants, et repousse la main *généreuse* qui lui offre une *gratification* pour fermer les yeux ou passer par dessus certaines prescriptions ? Le faites-vous vous-mêmes, hauts fonctionnaires ? L'affaire Teste, Despans-Cubières et consorts (qu'on n'a pas pu éviter, peut-être, mais qu'on n'était pas fâché non plus d'avoir, pour montrer à la foule ignorante et crédule, qui ne connaît pas les secrets de coulisse, mais qui était devenue soupçonneuse, surtout depuis les affaires de bourse de 1840, sous M. Thiers, qu'on était juste et sévère envers tous, et qu'on savait faire respecter la morale

(1) On comprend, jusqu'à un certain point, que sous une monarchie, qui a une cour, on dise cour d'appel, cour de cassation, cour d'assises ; mais cette désignation n'a plus aucune raison de subsister sous un gouvernement national, le Peuple, seul souverain, n'ayant pas de cour. C'est illogique, d'ailleurs ; on dit : tribunal de paix, tribunal correctionnel, tribunal de première instance ; on doit dire : tribunal d'appel, tribunal de cassation. La justice se divise en différents degrés, et voilà tout.

publique outragée et punir l'improbité, si haut placés que fussent les auteurs), cette affaire nous dispense d'en citer d'autres qui prouveraient évidemment que les sommités ne sont pas plus à l'abri de la tentation que les modestes employés, dont les traitements sont réellement insuffisants à leur existence et à celle de leur famille et ne répondent pas au travail qu'on exige d'eux.

En élevant un peu les traitements actuels, dès à présent, comme un commencement de justice, et en attendant que la nouvelle organisation gouvernementale et administrative ait permis de classer les fonctions, et que les revenus nationaux, devenus assez abondants, permettent de rétribuer équitablement toutes les fonctions nationales, nous ne faisons qu'obéir à la conscience publique, qui veut que chacun soit rétribué selon ses œuvres et son utilité.

Oui, exigez du serviteur de la Nation, à quelque degré hiérarchique qu'il se trouve placé, exigez de lui qu'il se dévoue exclusivement, sans réserve et sans arrière-pensée, au service qu'on lui confie et qu'il accepte librement ; exigez qu'il exécute ce service dignement et avec probité ; châtiez la moindre infraction, et brisez, sans pitié, le serviteur infidèle. Mais, pour avoir ce droit, commencez vous-même par remplir votre devoir et par être juste envers le serviteur, en rémunérant équitablement ses services, en lui donnant de quoi satisfaire ses besoins, et lui ôtant ainsi jusqu'au prétexte de la nécessité (1).

Il nous a toujours paru souverainement injuste de subordonner le droit à la pension à une durée fixe de service, surtout aussi longue que celle actuellement exigée, et nous croyons que la pension doit toujours être accordée, — du moins après quelques années de service, — et proportionnée à cette durée. Indépendamment de ce que cela nous semble juste, cette mesure aura pour résultat de tranquilliser les serviteurs de la nation et de les attacher davantage à leurs fonctions, qui, d'ailleurs, ne sont et ne peuvent pas être rétribuées de manière à leur permettre de faire fortune, comme cela a lieu dans les affaires particulières. Il faut que, s'il n'a pas, avec son emploi, le moyen de faire fortune, le fonctionnaire ou employé de la nation ait, du moins, une existence convenable, assurée, — autant que cela est possible ; car il n'est rien de parfait dans l'humanité.

C'est dans le même but, et pour l'atteindre plus sûrement, que nous voulons, en outre, que tout fonctionnaire ou employé souscrive une assurance sur la vie.

(1) « *L'intérêt est le mobile des actions de l'homme.* » Et par intérêt il ne faut pas entendre seulement l'intérêt matériel, mais toute considération déterminant nos actions : l'honneur, le désir de gagner le ciel, l'amour, la passion, l'estime de soi ou celle du prochain, etc., etc., sont autant de variations d'intérêt ou mobile de nos actions. Le désintéressement et l'abnégation eux-mêmes, qui sont des vertus, ont une cause, et cette cause est un intérêt, à moins qu'ils ne soient le résultat de cette espèce d'état négatif qu'on nomme indifférence.

Recettes et Dépenses.

Pour compléter l'explication du chapitre III, relatif aux finances, il nous reste à présenter un aperçu des résultats pécuniaires, c'est-à-dire des recettes et dépenses du gouvernement national que nous proposons, et à dire un mot de l'art. 31 de notre projet de Charte, d'après lequel toutes les recettes et dépenses du gouvernement ont réellement lieu au ministère des finances, et sont inscrites par ordre de numéros et de dates, avec indication des noms et des causes, sur deux livres spéciaux : le livre des recettes et le livre des dépenses ; — les autres ministères ne faisant qu'ordonnancer les recettes et dépenses de leurs départements respectifs.

Cette dernière mesure se justifie d'elle-même, et chacun en comprend les motifs, le but et la portée.

Le trésor est maintenant une gamelle où chaque ministre puise à pleine cuillère, et nous pouvons dire, sans craindre de commettre la plus légère médisance, puisque c'est le secret de paillasse, que chaque ministre ne se fait faute d'user du cadre élastique et complaisant de son budget secret, particulier, extraordinaire, etc. La comptabilité est parfaitement régulière, pour la responsabilité du ministre des finances, quand elle est appuyée d'un reçu de tel ministre, à qui telle somme a été comptée tel jour. Quant à savoir qui a profité de cette somme, le ministre des finances n'a pas à s'en occuper.

Le plus simple bon sens dit que c'est là un vice et un abus qui ne peuvent se concilier avec un gouvernement national, et que nous faisons disparaître.

Recettes.

Les recettes du Trésor consisteront notamment dans celles suivantes :

1. Avances à la propriété foncière, au moins 8 milliards (1). Ce chiffre sera certainement dépassé, soit parce que beaucoup de propriétaires qui n'empruntent pas maintenant, par suite des conditions onéreuses des prêts hypothécaires, demanderont des avances à la Caisse générale de la propriété foncière, pour introduire dans leurs domaines des améliorations dont ils se privent maintenant, par prudence, parce qu'elles n'eussent peut-être pas compensé les frais d'emprunt ; — soit parce que beaucoup de personnes, notamment parmi les classes laborieuses, feront des acquisitions territoriales qui leur étaient interdites par les conditions onéreuses des emprunts hypothécaires ; — soit parce que beaucoup d'individus, même des commerçants, propriétaires d'immeubles, trouveront com-

---

(1) La dette hypothécaire s'élève à environ 14 milliards, dont 8 milliards au moins de dettes exigibles. Or, il est évident que, ces dettes étant onéreuses aux débiteurs, ils emprunteront immédiatement à l'État pour s'en libérer, ce qui donnera au Trésor, dès la première année, un revenu certain considérable.

mode de promier au crédit de la Caisse, pour leurs affaires courantes et même commerciales. 8 milliards, à 3 p. 100, donneront annuellement au Trésor   240,000,000

2. Le chiffre annuel des opérations de la Caisse générale de l'agriculture, de l'industrie et du commerce, et de la Caisse générale d'assistance publique, ne saurait être évalué à moins de 100 milliards, surtout si on tient compte du développement immense que prendront les affaires de tous genres, au moyen des instruments de travail mis aux mains de tous, et dont le plus grand nombre est aujourd'hui privé (1). En évaluant à 5 p. 100, terme moyen, le produit des opérations de la Caisse, on obtient un revenu annuel de   5,000,000,000

3. Nous évaluons le produit des services publics : postes, chemins de fer, canaux, recouvrements, assurances générales terrestres, assurances sur la vie, etc., à   1,000,000,000

Total : 6 milliards 240 millions, ci . . .   6,240,000,000

Dépenses.

1. Intérêt des rentes inscrites. Il est actuellement de 455 millions à 5 p. 100; il serait, à 4 p. 100, de 364 millions, mettons.   400,000,000

2. Intérêt des rentes à créer pour remboursement des fonds des Caisses d'épargnes et rachats ou indemnités à accorder pour chemins de fer, canaux, assurances, etc., soit . .   400,000,000

3. Frais d'exploitation et dépenses dites administratives des ministères, comprenant la justice, l'instruction publique, etc. Ils sont actuellement de 494 millions. Les abus de tous genres réformés et quelques suppressions importantes donneraient bien une économie de moitié au moins, ce qui réduirait le chiffre à 247 millions; mais le personnel sera plus nombreux, et, en tous cas, mieux rétribué : portons donc   600,000,000

4. Guerre et marine. Les armées du Pouvoir contre la Nation coûtent maintenant à la Nation, au profit du pouvoir, 486 millions. Notre armée nationale, qui sera dix fois plus nombreuse, ne coûtera pas   100,000,000

---

(1) Le chiffre actuel des opérations commerciales pour ventes de marchandises à crédit est d'environ 52 milliards. La Caisse remplace et absorbe toutes les opérations et tous les bénéfices de toutes les banques, et de tous les comptoirs, banquiers, escompteurs, prêteurs à la petite semaine et capitalistes.

5. Dans le budget du pouvoir actuel figu-
rent 193 millions pour les travaux publics,
plus ou moins nécessaires, et qui donnent lieu
à des gaspillages sans nombre : portons, pour
les travaux publics réellement nécessaires ou
seulement utiles 300,000,000
  6. Portons pour les établissements d'asile   200,000,000
  7. Et ajoutons, pour dépenses imprévues   200,000,000

Total : 2 milliards 200 millions, ci 2,200,000,000

Balance.

Recettes. 6,240,000,000
Dépenses 2,200,000,000

Excédant annuel : 4 milliards 40 millions, ci.   4,040,000,000

A cela nous pourrions ajouter les 6 à 700 millions environ
d'impôts directs et quelques impôts indirects, momentanément conservés, par prudence, jusqu'à réalisation de nos
ressources. Ne les portons que *pour ordre*, parce que nous n'y
toucherons pas si nous n'en avons pas besoin, comme chacun
peut le comprendre :   Ordre.
  Les chiffres ci-dessus peuvent être modifiés, et nous les donnons comme indication plutôt que comme affirmation; mais
tout homme versé dans les affaires, sans excepter M. Thiers,
ce génie financier, qui prétend que le système financier actuel
est parfait, et qu'il n'y a rien, absolument rien à y changer,
sera forcé de reconnaître que nos bases sont exactes, et que
nos évaluations ne peuvent pas varier dans un sens défavorable aux proportions établies, c'est-à-dire que les revenus réels
seront toujours supérieurs aux dépenses effectives, quelque
complaisance qu'on puisse mettre à exagérer les dépenses et
à diminuer les recettes.
  Quoi qu'il en soit, la France administrée avec capacité et
honnêteté, par le gouvernement du Peuple, dans l'intérêt du
Peuple, produira de quoi rétribuer avec largesse les serviteurs
dévoués du Peuple, faire de notables économies, se libérer
bientôt de sa dette, diminuer ainsi ses dépenses annuelles, et
accomplir encore des travaux, auxquels les générations futu-
res pourront reconnaître que le gouvernement de la vérité, la
puissance du Peuple et le génie français ont passé par là, en
allant à la conquête pacifique des destinées humaines.

Conclusion particulière de ce chapitre.

  Les impôts étant supprimés, le propriétaire foncier, l'agriculteur, l'industriel, le commerçant, l'ouvrier, le fonctionnaire, etc., tout le monde, en un mot, aurait donc moins de
charges et un plus d'argent à dépenser pour son bien-être,
son instruction et ses plaisirs.

Les instruments de travail, c'est-à-dire le crédit, permettant au propriétaire foncier, à l'agriculteur, à l'industriel, au commerçant, à l'ouvrier, etc., de gagner davantage, ils auraient donc plus d'argent à dépenser pour leur bien-être, leur instruction et leurs plaisirs.

Qu'aurait-on à payer, en compensation, de plus qu'à présent? Rien.

Le Peuple français a donc un double avantage matériel, bien réel et bien évident, à adopter le système financier que nous lui proposons dans son intérêt comme dans le nôtre.

Suppression du crédit individuel et des valeurs particulières : billets, lettres de change, etc.

Simplifier les choses et les ramener à la vérité, telle est la pensée fondamentale et dominante de notre système financier, comme de notre régime politique, et, en un mot, de la nouvelle organisation que nous proposons.

1. Le crédit privé, bien que restreint à un très petit nombre de ceux qui seraient en état d'en faire un usage avantageux pour la société comme pour eux-mêmes, se trouve éparpillé entre un grand nombre de banques, comptoirs, banquiers, escompteurs, prêteurs à la petite semaine et capitalistes, qui l'exploitent arbitrairement. Au moyen de l'organisation du crédit national que nous proposons, cette complication et ces abus disparaissent. Il n'y a plus qu'un créditeur : l'État, représentant la société et conséquemment les crédités eux-mêmes, qui sont, dès lors, tout naturellement traités aussi favorablement que possible.

2. Le crédit privé met en circulation des valeurs individuelles : billets à ordre, lettres de change, etc., exposant les créanciers à des retards, non-paiements, retours, remboursements et faillites, et les débiteurs à des protêts et à des frais onéreux. L'organisation du crédit national fait disparaître tous ces inconvénients et substitue aux valeurs individuelles, chanceuses, une valeur publique, certaine.

3. La plupart des transactions de tous genres se font aujourd'hui à crédit, ce qui complique les affaires, les rend chanceuses et occasionne des perturbations incessantes de toutes sortes : faillites, déconfitures, emprisonnement, etc., multiplie les frais d'exploitation et augmente les prix des objets de consommation. Notre système financier met un terme à tous ces inconvénients, presque toutes les opérations devant se faire au comptant, ainsi qu'on va le voir.

Un objet quelconque représente un capital égal à son prix. Une montre de 50 francs représente pour l'horloger un capital de pareille somme. La vente n'est au fond et ne devrait être effectivement qu'un échange d'une valeur contre une valeur égale. Si l'horloger vous livre sa montre à crédit, c'est comme si, après avoir reçu de vous 50 fr. en échange de cette montre, il vous prêtait 50 fr. En vendant à crédit, on prête

donc un capital, on fait l'office de banquier. C'est là une complication inutile et dangereuse, dont l'industrie et le commerce
tendent heureusement à s'affranchir, car les maisons de vente
au comptant se multiplient chaque jour.

Mais la vente à crédit, indépendamment de ce qu'elle né-
cessite la possession d'un capital considérable (ce qui empêche
beaucoup d'individus de s'établir ou les fait chuter), augmente les frais d'exploitation en nécessitant des écritures et
des courses, et occasionne des pertes plus ou moins considérables. Le prix d'un objet livré à crédit est donc nécessairement augmenté, soit de l'intérêt de ce prix, soit de la prime
de banque ou d'assurance pour les pertes que les mauvais
clients font éprouver, soit des frais d'écritures et de recou-
vrement.

Or, quant à l'acheteur, si chacun pouvait avoir crédit chez
un banquier et y prendre l'argent qui lui serait nécessaire,
pour payer comptant ses dépenses de toutes sortes, il le ferait
assurément, d'abord pour n'avoir affaire qu'à une personne,
au lieu de devoir à plusieurs, et ensuite pour avoir les choses
à meilleur marché en les payant comptant. — A la vérité, il
aurait à payer au banquier l'intérêt des avances qu'il en obtiendrait; mais cet intérêt serait très inférieur à la différence du
prix d'achat au comptant et du prix d'achat à crédit, ce qui
lui laisserait toujours un bénéfice réel, indépendamment des
autres avantages.

Et si cela n'est pas possible dans l'état actuel des choses,
c'est-à-dire avec le crédit privé, limité à un petit nombre de
privilégiés, cela peut et doit avoir lieu au moyen de notre organisation du crédit national, puisque tout citoyen qui le mérite y trouve accès.

Car, de ces deux choses l'une, ou vous méritez crédit, ou
vous n'en méritez pas. Dans le premier cas, l'Etat, mieux renseigné et pouvant mieux vous apprécier que personne, vous
prêtera; dans le second cas, les particuliers auraient tort de
vous faire crédit. — Les fripons ne seront sans doute pas de
notre avis; mais si fait les gens honnêtes, qui sont, Dieu merci, en plus grand nombre.

A l'égard du vendeur, c'est-à-dire du propriétaire, de l'a-
griculteur, du fabricant, de l'industriel et du marchand, la
vente à crédit augmente son travail et ses soucis, et rend sa
position chanceuse et incertaine; tandis que la vente au comptant le délivre de tous ces inconvénients et lui laisse son bénéfice assuré. Il est donc évident que le vendeur préférera le
système de vente au comptant, qui lui est favorable; et si on
vend maintenant à crédit, c'est parce qu'on y est obligé, attendu que les consommateurs, manquant le plus souvent d'argent lorsqu'ils ont besoin d'acheter, faute d'un établissement qui leur fasse des avances, seraient obligés de se priver
journellement de quelque chose, si le marchand ne leur accor-
dait pas la facilité de payer plus tard.

Ainsi la vente au comptant, favorable au vendeur et à l'ac-

quéreur, aura évidemment lieu dès que, par l'organisation
du crédit national, tout individu le méritant obtiendra de
l'Etat les avances qui lui seront nécessaires. Alors, tout le
crédit que font actuellement les banques, les comptoirs, les
banquiers, les escompteurs, les capitalistes, les propriétaires,
les agriculteurs, les fabricants, les industriels et les marchands,
sera fait par l'Etat aux citoyens directement, et les transactions
simplifiées et ramenées à la vérité : la vente sera un échange
effectif d'une valeur contre une valeur égale, et les fabricants,
industriels et marchands, dégagés du rôle dangereux de banquier, qui ne leur appartient pas, ne seront plus que ce qu'ils
doivent être : agents intermédiaires entre la production et la
consommation.

Enfin, tout le monde doit désirer la réalisation de ce système, favorable à tout le monde, parce que l'abaissement du
prix des objets de consommation, en mettant ces objets à la
portée d'un plus grand nombre de consommateurs, multiplie
la consommation, augmente le travail, facilite l'écoulement
des produits de toutes sortes, développe la richesse et la prospérité générales, étend le bien-être et permet à un plus grand
nombre d'individus de participer aux douceurs de la vie.

En effet, si, employant un capital moindre, ayant moins
de frais, n'éprouvant plus de pertes et vendant plus d'objets,
ce qui lui permet de se contenter d'un moindre bénéfice sur
chacun d'eux, le tailleur, par exemple, me donne pour 75 fr.
comptant, un habit qu'il me fait payer 100 fr. à crédit, je fais
faire quatre habits par an, au lieu de trois, ce qui exige plus
de main-d'œuvre, plus de drap, de toile, de boutons, de soie,
de fil, de laine, de chanvre, etc., et conséquemment profite
aux propriétaires, agriculteurs, fabricants, marchands, industriels et ouvriers, dont les produits et le travail ont fait
ces habits. — En outre, pour une personne pouvant mettre
100 fr. dans un habit, il y en a au moins cinquante qui ne
peuvent y mettre que 75 fr. : au lieu d'un habit on en fait donc
cinquante. — Si le vin naturel et la viande coûtaient moins
cher, tout le monde pourrait en consommer, tandis que le
plus grand nombre s'en prive, boit de la piquette ou du vin
frelaté et se nourrit d'aliments moins sains que la viande.

Le bon marché est un des problèmes sociaux et économi-
ques qu'il importe le plus de résoudre sans retard, mais en
diminuant les frais inutiles d'exploitation et en simplifiant les
choses, comme le veulent les vrais principes, et non point en
spéculant sur le salaire et la vie de l'ouvrier, comme on le fait
ordinairement, par ignorance de ces principes.

Le lecteur a, sans doute, remarqué que notre système mo-
nétaire rend facile l'application du principe de la vente au
comptant, qui ne présente ainsi aucune difficulté sérieuse.

Imprimerie Guiraudet et Jouaust, rue Saint-Honoré, 315.

www.ingramcontent.com/pod-product-compliance
Ingram Content Group UK Ltd.
Pitfield, Milton Keynes, MK11 3LW, UK
UKHW022223070726
13613UKWH00004B/1839